BEI GRIN MACHT SICH IHR WISSEN BEZAHLT

- Wir veröffentlichen Ihre Hausarbeit, Bachelor- und Masterarbeit

- Ihr eigenes eBook und Buch - weltweit in allen wichtigen Shops

- Verdienen Sie an jedem Verkauf

Jetzt bei www.GRIN.com hochladen und kostenlos publizieren

Trainingsplanerstellung zur Verbesserung der Koordination

GRIN

Bibliografische Information der Deutschen Nationalbibliothek:

Die Deutsche Nationalbibliothek verzeichnet diese Publikation in der Deutschen Nationalbibliografie; detaillierte bibliografische Daten sind im Internet über http://dnb.d-nb.de abrufbar.

ISBN: 9783346557742
Dieses Buch ist auch als E-Book erhältlich.

© GRIN Publishing GmbH
Nymphenburger Straße 86
80636 München

Druck und Bindung: Books on Demand GmbH, Norderstedt Germany
Gedruckt auf säurefreiem Papier aus verantwortungsvollen Quellen

Das vorliegende Werk wurde sorgfältig erarbeitet. Dennoch übernehmen Autoren und Verlag für die Richtigkeit von Angaben, Hinweisen, Links und Ratschlägen sowie eventuelle Druckfehler keine Haftung.

Das Buch bei GRIN: https://www.grin.com/document/1156590

Inhaltsverzeichnis

1 Teilaufgabe 1 – Personendaten

Um die Grundvoraussetzung einer Trainingsplanung für das Beweglichkeitstraining und eine Trainingsplanung für das Koordinationstraining der Testperson zu schaffen, erfolgt ein Anamnesegespräch zur Dokumentation der allgemeinen Daten und des allgemeinen Gesundheitszustandes. Diese werden tabellarisch dargestellt.

1.1 Allgemeine Daten und Gesundheitszustand der Testperson

Tab.1: Allgemeine Daten (eigene Darstellung)

Alter	21
Geschlecht	Weiblich
Körpergröße	158 cm
Körpergewicht	60 kg
Trainingsmotive	Sportliche Leistungsfähigkeit und Beweglichkeit steigern sowieso die Koordination erlernen und fördern
Berufliche Tätigkeit	Studentin
Frühere sportliche Aktivitäten	Keine
Aktuelle sportliche Aktivitäten	Krafttraining seit 14 Monaten (fortgeschritten, 3x pro Woche jeweils 60 Minuten nach subjektiven Kraftempfinden) Laufergometer seit 6 Monaten (moderates Ausdauertraining, 3x pro Woche jeweils 5Km in 30 Minuten, intensive Dauermethode)
Zeitliche Verfügungsrahmen	unbegrenzt

Tab. 2: Allgemeiner Gesundheitszustand (eigene Darstellung)

Orthopädische Probleme	Nein
Intrinsische Probleme	Nein
Ärztliche Behandlungen	Nein
Einnahme von Medikamenten	Nein
Sonstige gesundheitliche Einschränkungen	Nein

1.1.1 Bewertung der allgemeinen Daten und des Gesundheitszustands

Zur Bewertung der allgemeinen Daten wird der Body Mass Index (BMI) hinzugezogen, der zu den biometrischen Daten eingeordnet wird. Mit einem Gewicht von 60Kg bei einer Körpergröße von 158cm, weist die Person einen BMI von 24 auf und wird somit als normalgewichtig eingestuft (WHO, 2018). Die Testperson kann also in Bezug auf den BMI als voll leistungsfähig und belastbar eingeschätzt werden. Auch das Durchführen des fortgeschrittenen Krafttrainings und des moderaten Ausdauertrainings lässt die Belastbarkeit der Testperson als hoch bewerten. Unterstützt wird die volle Leistungsfähigkeit der Testperson durch einen beschwerdefreien Gesundheitszustand.

2 Teilaufgabe 2 – Beweglichkeitstestung

Im Folgenden wird ein vereinfachter manueller Beweglichkeitstest in Anlehnung nach Janda (2000) an der Testperson durchgeführt. Hier wird durch die maximale Erreichung des Gegenwinkels die Gelenkbewegung gemessen. Hierbei sollen mögliche Defizite in der Bewegung oder Muskelschwäche herauskristallisiert werden.

Tab.3: Manueller Beweglichkeitstest (in Anlehnung nach Janda, 2000)

Testübung	Testdurchführung	Normwerte zur Beurteilung der Beweglichkeit	Ergebnisse
Brustmuskel (M. pectoralis major)	Die Probandin liegt mit dem Rücken und angewinkelten Beinen auf einer Behandlungsliege, um so eine Beckenfixierung zu ermöglichen. Das Schultergelenk des zu testenden Arms ist abduziert und außenrotiert und der Ellenbogen des zu testenden Arms wird in einen 90° Beugewinkel gerichtet. Zu beachten ist, dass Becken und Lendenwirbelsäule fixiert bleiben. Die Position des Oberarmes zur Horizontalen wird zur Messung der Normwerte zur Beurteilung der Beweglichkeit herangezogen.	Stufe 0: Oberarm erreicht Horizontale Stufe 1: Oberarm erreicht Horizontale nur durch Druck des Testers Stufe 2: Oberarm erreicht Horizontale auch durch Druck des Testers nicht	Rechts: 0 Links: 0
Hüftbeugemuskulatur (speziell M. iliopsoas)	Der Probandin liegt mit dem Rücken auf der Behandlungsliege und beide Beine befinden sich im Überhang. Während eines der Beine sich weiterhin im Überhang befindet, wird das	Stufe 0: Oberschenkel erreicht Horizontale	Rechts: 0 Links: 0

	andere Bein angewinkelt und maximal zum Körper herangezogen. Wichtig ist, dass das Becken und die Lendenwirbelsäule fixiert bleiben. Zur Messung der Normwerte zur Beurteilung der Beweglichkeit wird die Position des Oberschenkels im Verhältnis zum Hüftbeugewinkel betrachtet.	Stufe 1: Oberschenkel erreicht Horizontale nur durch Druck des Testers Stufe 2: Oberschenkel erreicht Horizontale auch durch Druck des Testers nicht	
Kniestreckmuskulatur (speziell M. rectus femoris)	Die Probandin liegt mit dem Rücken auf der Behandlungsliege und beide Beine befinden sich im Überhang. Die Probandin winkelt ein Bein an und zieht es maximal weit zum Körper heran. Das nicht angewinkelte Bein wird vom Tester in einen maximal möglichen Hüftextensionswinkel und im Anschluss in einen maximal möglichen Kniebeugewinkel geführt. Zu beachten ist, dass das Becken und die Lendenwirbelsäule fixiert bleiben. Zur Messung der Normwerte zur Beurteilung der Beweglichkeit wird der Winkel zwischen Ober- und Unterschenkel (Kniebeugewinkel) herangezogen	Stufe 0: Unterschenkel hängt senkrecht herab Stufe 1: Unterschenkel erreicht 90 Grad im Kniegelenk nur durch Druck des Testers Stufe 2: Unterschenkel erreich 90 Grad im Kniegelenk auch durch den Druck des Testers nicht.	Rechts: 0 Links: 0
Kniebeugemuskulatur (Mm. Ischiocrurales)	Die Probandin liegt mit dem Rücken auf der Behandlungsliege. Das nicht zu testende Bein wird im Hüft- und Kniegelenk gebeugt, während das zu testende Bein vom Tester mit gestrecktem Kniegelenk in eine maximal mögliche Hüftflexion positioniert wird. Wichtig ist, dass das Becken und die Lendenwirbelsäule fixiert bleiben und das beide Beine ihre Ausrichtung nicht verlassen. Zur Messung der Normwerte zur Beurteilung der Beweglichkeit wird der Winkel zwischen Beinachse und Longitudinalachse (Hüftbeugewinkel) betrachtet.	Stufe 0: Hüftreflexion im Ausmaß von 90 Grad möglich Stufe 1: Hüftreflexion im Ausmaß zwischen 80-90 Grad möglich Stufe 2: Hüftreflexion nur unter 80 Grad möglich	Rechts: 0 Links: 0
Wadenmuskulatur (Mm. Triceps surae)	Die Probandin liegt mit dem Rücken auf der Behandlungsliege. Das nicht zu testende Bein steht gebeugt mit dem Fuß auf der Liege. Das zu testende Bein befindet sich in gestreckter Position und der Unterschenkel ragt über die Liege hinaus. Der Tester greift mit der einen	Stufe 0: Dorsalextension bis 0 Grad möglich	Rechts: 0 Links: 0

Hand das zu testende Bein distal am Fersenbein und mit der anderen Hand die Fußaußenkante. Der Tester führt einen distalwärts Zug an der Ferse aus. Durch einen vom Tester verursachten achsengerechten Druck auf den äußeren Fußrand wird der Vorfuß zum Schienbein geführt. Es besteht die Möglichkeit, dass der M. soleus isoliert getestet wird. Nach dem Erreichen der maximalen Dorsalexension wird das Kniegelenk gebeugt und der Tester versucht das Bewegungsausmaß zu vergrößern. Es kann also eine Testauswertung nach M. gastrocnemius und nach M. soleus durchgeführt werden.	Stufe 1: 0 Grad Position wird nicht erreicht; Dorsalextension möglich. Stufe 2: Dorsalextension ist nur bis 10° unterhalb der 0°-Stellung möglich	

2.1 Bewertung der Testergebnisse

Das Testverfahren in Anlehnung nach Janda (2000) hat ergeben, dass keinerlei Muskelschwäche und Bewegungsdefizite bei der Probandin vorliegen. Die Testperson erreicht bei allen Testübungen die Stufe 0 und ist somit als voll funktionstüchtig einzustufen.

3 Teilaufgabe 3 - Trainingsplanung Beweglichkeitstraining

Im Folgenden wird tabellarisch die Trainingsplanung für das Beweglichkeitstraining im Sinne eines Dehntrainings dargestellt. Hier wird auf die anvisierte Zielmuskulatur, die Dehnmethode und auf die genaue Durchführung eingegangen.

Tab. 4: Trainingsplanung Beweglichkeitstraining (eigene Darstellung)

Anvisierte Zielmuskulatur	Dehnmethode (Dehnform und Arbeitsweise)	Durchführung
Zwillingswadenmuskel (M. gastrocnemius) Schollenmuskel (M. soleus)	Passiv dynamisch	Der Ausgangspunkt der Dehnung befindet sich im Stand und mit einem Bein gestreckt nach hinten. Dabei stehen die Fußsohlen auf dem Boden und zeigen parallel nach vorne. Durch eine leichte Neigung des Oberkörpers

4

		nach vorne, bildet der nach hinten aufgestellte Oberschenkel mit dem Oberkörper eine Linie. Das nach vorne aufgestellte Bein ist im Kniegelenk leicht gebeugt. Dynamisch wird die Dehnung durch das ständige Wechseln des vorderen Beins von einem leicht gebeugten zu einem leicht gestreckten Kniegelenk. Dadurch wird der Schwerpunkt zunächst durch die Beugung vertikal nach vorne unten verlagert und durch die Streckung vertikal nach oben verlagert. Durch die Verlagerung des Schwerpunkts wird die Dehnung passiv. Dies führt dazu, dass im hinteren Bein zunächst eine Vergrößerung und im Anschluss eine Verkleinerung der Dorsalextension verursacht wird. Diese Dehnübung wird im Anschluss für die andere Seite durchgeführt
Zweiköpfiger Oberschenkelmuskel (M. biceps femoris) Plattensehnenmuskel (M. semimembranosus) Halbsehnenmuskel (M. semitendinosus)	Aktiv statisch	Der Ausgangspunkt der Dehnung befindet sich im Stand. Während das Gesäß nach hinten unten abgesenkt wird und das Becken gekippt wird, wird das eine Bein gestreckt nach vorne aufgesetzt und das andere Bein im Kniegelenk gebeugt. Zur Ausführung der Dehnung wird der Oberkörper mit aufgerichteter Wirbelsäule nach vorne geneigt und die Position im Anschluss gehalten. Diese Dehnübung wird im Anschluss für die andere Seite durchgeführt
Vierköpfiger Oberschenkelmuskel (M. quadriceps femoris)	Passiv Statisch	Der Ausgangspunkt der Dehnung befindet sich im Stand. Mit der linken Hand, die die passive Dehnung bewirkt, wird das linke Bein knapp über dem Sprunggelenk umfasst und zum Gesäß hochgezogen. Das Becken wird gekippt und beide Oberschenkel befinden sich parallel zueinander. Die Dehnung entsteht durch das maximale Heranziehen der Ferse zum Gesäß. Die Dehnung wird statisch gehalten. Diese Dehnübung wird im Anschluss für die andere Seite durchgeführt
Kurzer Schenkelanzieher (M. adduktor brevis)	Passiv postisometrisch	Der Ausgangspunkt der Dehnung befindet sich aufrecht im Sitzen. Die Fußsohlen beider

Langer Schenkelanzieher (M. adductor longus) Großer Schenkelanzieher (M. adductor magnus) Schlanker Muskel (M. gracilis) Kammmuskel (M. pectineus)		Füße werden einander gedrückt. Die Knie werden mithilfe der Hände leicht nach unten gedrückt (ca. 6-10 Sekunden). Unmittelbar danach wird der Druck gelöst und die Muskulatur erfährt völlige Entspannung (ca. 2-3 Sekunden Dauer). Nun wird die Dehnposition mit mehr Intensität wieder eingenommen und statisch gehalten (ca. 10-20 Sekunden). Der beschriebene Vorgang wird im Wechsel ca. 60 Sekunden wiederholt
Großer Gesäßmuskel (M. glutaeus maximus) Mittlerer Gesäßmuskel (M. gluataeus medius) Kleiner Gesäßmuskel (M. glutaeus minimus)	Passiv statisch	Der Ausgangspunkt der Dehnung befindet sich auf dem Rücken. Das rechte Bein wird mit gebeugtem Kniegelenk vom Boden abgehoben, dabei zeigt der Unterschenkel locker nach unten und der Fuß von dem linken Bein wird auf das rechte Knie gelegt. Die passive Dehnung entsteht durch das Greifen beider Hände an der Oberschenkelrückseite des angewinkelten Beins. Die Position wird statisch beibehalten und im Anschluss auch auf der anderen Seite durchgeführt.
Lendendarmbeinmuskel (M. iliopsoas) Gerade Oberschenkelmuskel (M. rectus femoris)	Passiv statisch	Der Ausgangspunkt der Dehnung befindet sich auf den Knien. Das linke Bein wird nach vorne mit einer Beugung im Kniegelenk abgestellt. Das rechte Bein liegt mit dem Knie inklusive Unterschenkel nach hinten auf dem Boden. Zur passiven Dehnung werden die Hände auf dem Oberschenkel abgelegt und der Schwerpunkt des Körpers nach vorne unten positioniert. Das Becken wird abgesenkt und der Oberkörper behält eine aufrechte Haltung. Die Position wird statisch gehalten. Im Anschluss wird die Dehnung auch auf der anderen Seite durchgeführt.
Breiter Rückenmuskel (M. latissimus dorsi) Äußere schräger Bauchmuskel (M. obliquus externus abdominis) Innerer schräger Bauchmuskel	Aktiv dynamisch	Der Ausgangspunkt der Dehnung befindet sich im Stand. Der rechte Arm wird nach links über den Kopf gehoben, die linke Hand wird auf dem Bauch abgelegt. Der Oberkörper neigt sich ebenfalls nach links. Um eine dynamische Dehnung zu bewirken wird die Spannung abwechselnd gehalten und wieder leicht

6

(M. obliquus internus abdominis)		gelöst. Diese Dehnübung wird im Anschluss für die andere Seite durchgeführt.
Kurze Rückenmuskeln midialer Trakt (Mm. Erector spinae) Mittellange Rückenmuskeln medialer Trakt (Mm. Erector spinae) Lange Rückenmuskeln lateraler Trakt (Mm. Erector spinae)	Aktiv Postisometisch	Der Ausgangspunkt der Dehnung befindet sich im Vierfüßlerstand. Die Wirbelsäule wird mit der aktiven Anspannung der Bauchmuskeln nach oben gewölbt (ca. 6-10 Sekunden Dauer). Unmittelbar danach wird die Bauchspannung gelöst, sodass die Wirbelsäule wieder eine gerade und völlig entspannte Haltung einnimmt (ca. 2-3 Sekunden Dauer). Die Bauchmuskeln werden erneut angespannt und die Wirbelsäule nach oben gewölbt. Nun aber mit deutlich spürbaren Dehnreiz und einer statischen Haltung (ca. 10-20 Sekunden). Der beschriebene Vorgang wird ca. 60 Sekunden wiederholt.
Großer Brustmuskel (M. pactoralis major) Zweiköpfiger Oberarmmuskel (M. biceps brachii) Deltamuskel, vorderer Anteil (M. deltoideus pars clavicularis)	Passiv dynamisch	Der Ausgangspunkt der passiven Dehnung befindet sich im Stand und seitlich zu einer Wand geneigt, sodass der Oberkörper von der Wand weggedreht wird. Der Arm zeigt ausgestreckt gerade nach hinten und die Hand berührt die Wand. Zur dynamischen Ausführung wird der Oberkörper immer wieder leicht in die entgegengesetzte Richtung gedreht, um den Druck zu erhöhen. Diese Dehnübung wird im Anschluss für die andere Seite durchgeführt.
Dreiköpfiger Oberarmmuskel (M. triceps brachii)	Passiv statisch	Der Ausgangspunkt der Dehnung befindet sich im Stehen. Der rechte Arm wird vertikal mit angewinkeltem Ellenbogengelenk hinter den Kopf geführt, sodass die Hand zwischen den Schulterblättern liegt. Die linke Hand drückt nun den rechten Ellenbogen seitlich nach hinten. Diese aktive Dehnung wird nun statisch gehalten und anschließend auf der anderen Seite durchgeführt.
Deltamuskel, hinterer Anteil (M. deltoideus pars spinata) Trapezmuskel, mittlerer/querverlaufender Anteil (M. trapezius pars transversa)	Passiv dynamisch	Der Ausgangspunkt der Dehnung befindet sich im Stehen. Der rechte Arm wird auf Schulterhöhe und mit gebeugtem Ellenbogengelenk vor dem Körper positioniert, sodass der linke Arm den Ellenbogen ergreifen kann.

Rautenmuskel (Mn. Rhomboidei)		Die Dehnung wird passiv ausgeführt, da nun die Hand Druck auf den Ellenbogen ausübt, sodass der Arm näher zum Körper herangeführt wird. Dieser Druck wird abwechselnd leicht gelöst, um so die dynamische Dehnung auszuführen. Diese Dehnübung wird im Anschluss für die andere Seite durchgeführt
Trapezmuskel, oberer bzw. absteigender Anteil (M. trapezius pars descendens)	Aktiv dynamisch	Der Ausgangspunkt für die Dehnung ist der Stand. Während die Schultern zunächst locker hängen gelassen werden, wird der Kopf langsam zur linken Seite geneigt und die linke Hand wird auf dem Kopf abgelegt. Die Gegenhand zeigt mit Spannung gerade zum Boden, während die Schulter regelmäßig dynamisch hochgezogen und dann wieder runtergezogen wird. Diese Dehnübung wird im Anschluss für die andere Seite durchgeführt.

3.1 Belastungsgefüge des Dehnprogramms

Nach der erstellten Trainingsplanung für das Beweglichkeitstraining folgt die Darstellung des ausgewählten Belastungsgefüge in Form eines Makrozyklus.

Tab. 5: Makrozyklus Beweglichkeitstraining (eigene Darstellung)

Belastungsgefüge	Woche 1-6	Woche 7-12
Trainingshäufigkeit pro Woche	2-3	Täglich
Serienzahl	3-4	3-4
Dehndauer	Ca. 45 Sekunden	Ca. 45 Sekunden
Intensität	Maximales Dehnen	Maximales Dehnen

3.1.1 Begründung des Dehnprogramms und Belastungsgefüge

Da die Testperson vorher keine Erfahrungen mit Dehnübungen gemacht hat und nur Kraft- und Ausdauersport betreibt, steigt die Testperson zunächst für sechs Wochen mit zwei bis drei Dehneinheiten pro Woche ein, umso mehr Beweglichkeit zu schaffen. In der siebten Woche werden tägliche Dehneinheiten absolviert, um die dazugewonnene Beweglichkeit zu sichern (Rancour, Homles & Cipriani, 2009). Durch das regelmäßige Dehnen soll die Möglichkeit geschaffen werden, dass die Bewegungsreichweite und Gelenkamplituden vom Körper vollständig genutzt

8

werden kann, da sich der zu Dehnende an die Muskelspannung gewöhnt (Schönthaler & Oh-lendorf, 2002, S. 51 f.). Nach 12 Wochen werden neue Dehnübungen ausgeübt. Die Serienzahl von vier wurde gewählt, da von Dehnserie zu Dehnserie eine höhere maximale Dehnungsspan-nung möglich wird, was ebenfalls die Vergrößerung der Bewegungsreichweite vergünstigt (Glück, 2005; Klee & Wiemann, 2005; Wiemann, 1994). Um weiterhin die Beweglichkeit zu verbessern, wird eine Dehndauer von bis zu 45 Sekunden empfohlen (Schöntaler & Ohlendorf, 2002). Bei der Dehnintensität wird eine maximale Dehnung durchgeführt, da diese eine deutli-chere Vergrößerung der Bewegungsreichweite aufzeigt als im Vergleich zu der weichen Deh-nung (Marschall, 1999; Schönthaler & Ohlendorf, 2002). Insgesamt zu erkennen ist, dass das Belastungsgefüge so gewählt wurde, dass sie Testperson ihrem Ziel der Verbesserung ihrer Beweglichkeit näherkommt. Da die Testperson keinerlei Einschränkungen in ihrer Gesundheit und in dem durchgeführten Beweglichkeitstraining aufweist, werden alle wichtigen Hauptmus-kelgruppen in dem Dehntraining berücksichtigt. Dass die Testperson keinerlei Einschränkun-gen aufweist, lässt sich auf die 14 Monate Krafttraining zurück führen, da bei vollständiger Nutzung der Bewegungsamplitude bei den einzelnen Übungen die Beweglichkeit verbessert werden kann (Massey & Chaudet, 1956; Wickstrom, 1963). Als Dehnmethoden wurden alle möglichen Methoden gewählt, da wissenschaftlich nicht genau gesagt werden kann, ob eine der Methoden der anderen überlegen ist. Es werden keine Empfehlungen in diesem Bereich ausge-sprochen, um ein bestimmtes Ziel erreichen zu können (Oliver et al., 2008, S.247). Das Dehn-programm der Testperson soll nicht als Vordehnen für den Kraft- und Ausdauersport angewen-det werden, da es passieren kann, dass das Dehnen vor dem Sport den Muskelkater unterstützt (Wiemann & Kamphöfner, 1995). Das Dehnen nach einer sportlichen Aktivität ist für das „Cool down" zur Entspannung ein wichtiger Aspekt (Schober et al., 1990). Das Dehnprogramm der Testperson soll allerdings in diesem Fall als eigenständiger Bestandteil des Trainings betrachtet werden. Die Trainingsschwerpunkte werden in folgender Reihenfolge stattfinden: Koordinati-onstraining, Krafttraining, Ausdauertraining und Beweglichkeitstraining.

4 Teilaufgabe 4 - Trainingsplanung Koordinationstraining

Die Grundpositionen für alle propriozeptive Übungen sind stets einzuhalten und deshalb im Folgenden für alle Übungen zusammengefasst genannt. Beim aufgerichtetem zweibeinigen Stand werden die Füße hüftbreit aufgestellt und die Kniegelenke nach vorne gebeugt. Die Fuß-spitzen zeigen leicht nach außen und die Fußsohlen werden gleichmäßig belastet. Die Bauch-,

Rücken-, und Beckenmuskulatur sowie der Rückenstrecker werden angespannt. Bei der Ausgangsposition im einbeinigen Stand ist zu beachten, dass eine gleichmäßige Verteilung der Belastung auf dem Standbein gegeben ist. Das andere Bein ist im Knie- und Hüftgelenk leicht gebeugt und berührt den Boden nicht. Die Bauch-, Rücken-, und Beckenmuskulatur sowie der Rückenstrecker werden angespannt. Die Modellierung des kurzen Fußes nach Janda ist die erste Übung in dem Koordinationstraining und wird als Grundvoraussetzung für alle folgenden Übungen genannt (Häfelinger & Schuba, 2007, S. 64).

Tab. 6: Trainingsplanung Koordinationstraining (eigene Darstellung)

Koordinationsübung	Durchführung
Modellierung des kurzen Fußes nach Janda	Die Ausgangsposition befindet sich im Schulterbreiten Stand, einer aufgerichteten Wirbelsäule, leicht gebeugten Knien und Barfuß. Wichtig ist, dass beide Füße gleichmäßig belastet sind, sodass der Körperschwerpunkt in der Mitte zwischen beiden Füßen liegt. Während der gesamte Fuß den Boden berührt, wird das Fußgewölbe aktiv aufgerichtet bzw. hochgezogen. Hierbei wird zu Beginn der Übung ein Bleistift, der von innen unter das Kahnbein gelegt wird, zur Hilfe genutzt. Es ist zu beachten, dass die Zehen eine entspannte Haltung beibehalten und sich nicht in den Boden „krallen". Bei dieser Koordinationsübung wird vor allem die Streckmuskulatur zum Arbeiten angeregt. Die Übung erfolgt sowohl mit dem rechten als auch mit dem linken Fuß.
Stabile Unterstützungsfläche mit Verlagerung des Körperschwerpunktes in verschiedene Richtungen	Aus der stabilen Standposition der Körperschwerpunkt in alle Richtungen verlagert. Bei jedem Richtungswechsel soll der Körper zunächst ins Gleichgewicht bzw. ins Lot gebracht werden. Besonderheit bei dieser Übung ist die Ausführung.
Einbeinstand auf stabiler Unterstützungsfläche mit Verlagerung des Körperschwerpunktes in verschiedene Richtungen	Aus der stabilen Standposition wird der Körperschwerpunkt in alle Richtungen verlagert. Bei jedem Richtungswechsel soll der Körper zunächst ins Gleichgewicht bzw. ins Lot gebracht werden. Die Übung erfolgt im Anschluss auf der anderen Seite.
Einbeinstand mit Schwingen des Spielbeins und gegenläufigem Schwingen der Arme	Aus dem stabilen Einbeinstand wird nun das leicht gebeugte und in der Luft befindende Bein vorwärts und rückwärts geschwungen. Dabei schwingen die Arme entweder synchron oder entgegengesetzt mit.

Einbeinstand mit Ball halten und Seitenwechsel über Kopf	Aus dem stabilen Einbeinstand wird ein Ball als Hilfsmittel dazu genommen. Der Ball wird nun ca. 5-10 Sekunden in einer Hand gehalten und dann über dem Kopf zur anderen Seite gereicht und dort ebenfalls 5-10 Sekunden gehalten.
Training mit der Flexi-Bar: beidhändiges Schwingen des vertikalen Stabes	Aus der stabilen Standposition wird das Hilfsmittel Flexi-Bar genutzt. Hierbei handelt es sich um eine Stange, die durch kurze Kraftimpulse zum Schwingen gebracht werden soll. Für diese Übungen werden beide Arme gleichzeitig genutzt. Zunächst erfolgt dieser Kraftimpuls vertikal.
Einbeinstand mit Ballrollen um den Rumpf	Aus dem stabilen Einbeinstand wird ebenfalls ein Ball als Hilfsmittel dazu genommen. Der Ball wird um den Rumpf herum gereicht. Hier kann auch ein Richtungswechsel stattfinden.
Gleichgewichtsverlagerungen auf dem Fitball: Sitzposition	Bei dieser Übung wird ein Fitball als Hilfsmittel benötigt. Hier soll das Körpergewicht in verschiedene Richtungen verlagert werden. Zu beachten ist, dass trotz instabiler Fläche und Gewichtsverlagerung die Körperposition in stabiler Haltung bleibt. Zunächst findet die Gewichtsverlagerung im Sitzen statt. Die Füße berühren fest und gleichmäßig den Boden.
Gleichgewichtsverlagerungen auf dem Fitball: Rückenposition	Hier werden die gleichen Grundvoraussetzungen wie in der vorherigen Übung in der Sitzposition vorausgesetzt. Der Unterschied ist, dass die Gewichtsverlagerung in der Rückenlage stattfindet. Das Becken liegt nicht mehr auf dem Fitball auf und die Beine werden im 90 Grad Winkel fest und gleichmäßig auf dem Boden aufgestellt. Die Arme werden hinter dem Kopf verschränkt.
Beidbeinige Standstabilisation und Kniebeuge auf dem Therapiekreisel	Bei dieser Übung wird der Therapiekreisel als Hilfsmittel genutzt. Hier ist es wichtig, dass die Füße möglichst mittig auf dem Therapiekreisel positioniert werden. Als erstes muss die Standposition stabilisiert werden, um im Anschluss die Bewegung der Kniebeuge auszuführen.
Stabilisierung des Einbeinstands auf dem Therapiekreisel	Der Therapiekreisel wird erneut als Hilfsmittel genutzt. Bei dieser Übung steht ein Bein mittig auf dem Therapiekreisel und das andere Bein schwebt in der Luft. Ziel ist es, eine Stabilisierung der sicheren aufrechten Standposition zu erlangen.

4.1 Belastungsparameter des propriozeptiven Trainings

Nach der Erstellung des Koordinationstrainings folgen die ausgewählten Belastungsparameter.

Tab. 7: Belastungsparameter propriozeptives Training (modifiziert nach Chwilkowski, 2006, S. 61; Häfelinger & Schuba, 2007, S. 61)

Trainingshäufigkeit pro Woche	Täglich
Sätze/Serien pro Übungen	bis zu 5 Sätze/Serien
Gesamttrainingsdauer	10-45 Minuten
Haltedauer bei statischen Übungen	5-60 Sekunden
Wiederholungszahl bei dynamischen Bewegungsabläufen:	5-30 Wiederholungen
Intensität	Subjektives Empfinden

4.1.1 Begründung des Koordinationstrainings und des Belastungsparameters

Zunächst werden die methodischen Aspekte des propriozeptiven Trainings nach Chwilkowski (2006, 60ff) sowie nach Häfelinger und Schuba (2007, S. 61) genannt. Wichtig ist, dass das propriozeptive Training im ausgeruhten Zustand, sprich vor dem Krafttraining der Testperson, durchgeführt wird. Das Training sollte mindestens 10 Minuten bis maximal 45 Minuten andauern, die Haltedauer bei statischen Übungen sollte 5-60 Sekunden betragen und 5-30 Wiederholungen bei dynamischen Bewegungsabläufen. Da die Testperson noch unerfahren ist, sollte bei den genannten Punkten und bei der Intensität nach dem subjektiven Empfinden gehandelt werden. Wie bereits genannt, beginnt das Koordinationstraining mit der Modellierung des kurzen Fußes nach Janda, um so die Grundvoraussetzung für alle folgenden Übungen zu bilden (Häfelinger & Schuba, 2007, S. 64). Im Folgenden werden die methodisch-didaktischen Prinzipien nach Chwilkowski (2006, S.56-58) auf das ausgewählte Koordinationstraining übertragen. Zunächst werden leichte Bewegungsabläufe ausgewählt, um so keinen Misserfolg zu schaffen, da die Testperson keinerlei Erfahrungen mit einem Koordinationstraining hat. Der Bewegungsablauf wird von Übung zu Übung schwieriger gestaltet, da so ein Erfolgsgefühl entstehen kann und der motorische Lernprozess gefördert wird. Die Anforderungen steigern sich von einfachen zu deutlich komplexeren Anforderungen und aus zunächst statischen Übungen werden dynamische Übungen. Dies lässt sich daran erkennen, dass eine der ersten Übungen mit beiden Beinen mit einer einfachen und eher statischen Gleichgewichtsanforderung durchgeführt wird. So

12

wird die Möglichkeit geschaffen, dass die Tiefensensibilität verbessert wird und die Rumpf-
muskulatur für die nächsten Übungen mobilisiert wird. Es folgen Übungen mit nur einem
Standbein und Übungen mit der zusätzlichen Verwendung der Arme, um die Dynamik, Kom-
plexität und die Balance des Körpers bei Bewegungen zu erhöhen. Das Durchführen von zusätzlichen Anforderungen, wie das Nutzen des Balls und der Flexi-Bar, führt ebenfalls zu einer
Verbesserung der oben genannten Punkte, aber zusätzlich auch zu einer Steigerung des Stabi-
lisationsvermögens, da hier zunächst von der Körperhaltung abgelenkt wird. Als letzter Punkt
folgt das Ersetzen der stabilen mit einer instabilen Unterstützungsfläche. Hier erfolgt zunächst
die Nutzung des Flexi Balls und im Anschluss die Verwendung des Therapiekreisels, um den
Schwierigkeitsgrad zu erhöhen.

5   Teilaufgabe 5 - Literaturrecherche

Tab. 8: „Chronic static stretching improves exercise performance" (Kokkonen, J. et al., 2007)

Studie	„Chronic static stretching improves exercise performance"
Wer hat die Studie durchgeführt?	Kokkonen, J., Nelson, AG., Eldredge, C., Winchester, JB.
In welchem Jahr wurde die Studie publiziert?	2007
Welche Forschungsfrage wurde untersucht?	Diese Studie untersucht den Einfluss statischer Dehnübungen auf bestimmte Trainingsleistungen
Mit welchen Versuchspersonen wurde die Studie durchgeführt?	Die Studie wurde mit 38 Versuchspersonen durchgeführt. Insgesamt sind 16 Männer und 22 Frauen beteiligt gewesen.
Wie sah der Versuchsaufbau der Studie aus?	Es handelt sich um eine 10-wöchige, randomisierte und kontrollierte Studie. Die Versuchspersonen wurden in zwei gleich große Gruppen aufgeteilt. In jeder Gruppe waren 8 Männer und 11 Frauen vertreten. Die erste Gruppe absolvierte ein 10-wöchiges statisches Dehnprogramm, bei der drei Dehneinheiten von jeweils 40 Minuten pro Woche durchgeführt wurde. Bei dem Versuch wurden alle großen Muskelgruppen der unteren Extremitäten gedehnt. Die Kontrollgruppe hat keine Dehneinheit durchgeführt. Sowohl vor als auch nach dem Versuch wurde jeder Proband auf seine Flexibilität, Leistung (Zeitaufwand beim 20m Sprint, Weitsprung aus dem Stand, Hochsprung), Kraft (1RM Test bei Kniestrecken und Kniebeugen) und Kraftausdauer (Anzahl der Wiederholungen bei einem Gewicht, welches 60% des 1RM entspricht) getestet.
Welche relevanten Ergebnisse und Schlussfolgerungen liefern die Ergebnisse?	Die Ergebnisse der Testungen der Gruppe, die die Dehneinheiten ausgeführt haben, verbesserten sich. Die Flexibilität erhöhte sich um 18,1%, die Zeit des 20m Sprints um 1,3%, der Weitsprung um 2,3%, der Hochsprung um 6,7%, die 1RM-Kraft des Kniebeugers um 15,3% und des Kniestreckers um 32,4%, die Kraftausdauer des Kniebeugers um 30,4% und des Kniestreckers um 28,5%. Die Kontrollgruppe zeigt keine Verbesserungen auf. Aus dieser

	Studie lässt sich schließen, dass statische Dehnübungen Verbesserungen der Leistungsfähigkeit bewirken können.

Tab. 9: „Vertical jump performance after passive static stretching of knee flexors muscles" (De Souza, L.M.L. et al., 2016)

Studie	„Vertical jump performance after passive static stretching of knee flexors muscles"
Wer hat die Studie durchgeführt?	De Souza, L.M.L., Paz, G.A., Eloi, I.L., Dias, R., de Freitas Maia, M., Miranda, H. & Lima, V.P.
In welchem Jahr wurde die Studie publiziert?	2016
Welche Forschungsfrage wurde untersucht?	Die Studie hat untersucht, welche kurzfristigen Auswirkungen statisches Dehnen der Hamstring Muskulatur auf die Leistung beim vertikalen Sprung haben.
Mit welchen Versuchspersonen wurde die Studie durchgeführt?	Es nahmen 20 freiwillige Sportler teil. Davon waren zehn weibliche und zehn männliche Teilnehmer, die bereits seit mindestens 3 Jahren Krafttraining ausübten, die das Krafttraining und Sprungtraining dreimal die Woche betrieben und die seit mindestens drei Monaten Dehnübungen durchführten.
Wie sah der Versuchsaufbau der Studie aus?	Es handelt sich um eine randomisierte Crossover Studie. Jeder Teilnehmer durchlief zwei Testprotokolle, die in einem Abstand von 48 Stunden durchgeführt wurden. Das erste Testprotokoll wurde für die Vertical Jumps ohne vorheriges Dehnen durchgeführt, das andere Testprotokoll für die Vertical Jumps mit einer vorherigen Dehnung der Hamstring-Muskulatur. Die Sprünge wurden vor einer Wand, aus einer festgelegten Position ausgeführt und der Anfangswert wurde im Stehen gemessen. Mit ausgestrecktem Arm wurde der höchste Punkt markiert. Alle Testpersonen erhielten mit Kreide einen Punkt auf die Fingerspitze und drückten diese bei ihrem Sprungversuch an die Wand, um messbare Kennzahlen aus dem Versuch abzuleiten. Jede Testperson hatte drei Versuche, wovon der Beste zur Bewertung herangezogen wurde.
Welche relevanten Ergebnisse und Schlussfolgerungen liefern die Ergebnisse?	Durch die Studie wurde erkenntlich, dass bei allen Teilnehmern signifikante Unterschiede in der Sprungleistung des Vertical Jumps zwischen den Gruppen (Dehnung und ohne Dehnung) gefunden wurde. Wenn die Männer vorher das passive statische Dehnprotokoll durchführen, erreichten sie eine höhere Sprungleistung von 13,6%. Bei den Frauen lag dieser Wert bei 11,9%.

6   Literaturverzeichnis

Chwilkowski, C. (2006). Medizinisches Koordinationstraining – Verbesserung der Hal-tungs- und Bewegungskoordination durch Propriozeption (2. Aufl.). Köln: Deutscher Trainer Verlag.

De Souza, L.M.L., Paz, G.A., Eloi, I.L., Dias, R., de Freitas Maia, M., Miranda, H. & Lima, V.P. (2016). Vertical jump performance after passive static stretching of knee flexors muscles. In: *Apunts. Medicina de l'Esport* (Volume 51, Issue 192), S. 113-148. Zugriff am 11.11.2020. Verfügbar unter: reserved.https://www.sciencedirect.com/science/article/abs/pii/S1886658116300147?via%3Dihub

Glück, S. (2005). Beeinflussung der Beweglichkeit durch unterschiedliche physische und psychische Einwirkungen. Dissertation. Universität des Saarlandes, Saarbrücken

Häfelinger, U. & Schuba, V. (2007). Koordinationstherapie - propriozeptives Training (Wo Sport Spaß macht, 3., überarb. Aufl). Aachen: Meyer & Meyer.

Janda, V. (2000). Manuelle Muskelfunktionsdiagnostik (4. Aufl.). München: Urban & Fischer.

Klee, A. & Wiemann, K. (2005). Beweglichkeit, Dehnfähigkeit. [mit CD-ROM] (Praxisideen). Schorndorf: Hofmann

Kokkonen, J., Nelson, AG., Eldredge, C. & Winchester, JB. (2007). *Chronic static stretching improves exercise performance.* Med Sci Sports Exerc. 2007 Oct; 39(10):1825-31. Zugriff am 07.11.2010. Verfügbar unter https://pubmed.ncbi.nlm.nih.gov/17909411/

Marschall, F. (1999). Wie beeinflussen unterschiedliche Dehnintensitäten kurzfristig die Veränderung der Bewegungsreichweite? Deutsche Zeitschrift für Sportmedizin, 50 (1), 5–9.

Massey, B. A. & Chaudet, N. L. (1956). Effects of systematic, heavy resistance exercise on range of movement in young adults. Research Quaterly for Exercise and Sport, 27, 41–51.

Olivier, N., Marschall, F. & Büsch, D. (2008). Grundlagen der Trainingswissenschaft und -lehre. Schorndorf: Hofmann

Rancour, J., Holmes, C. F. & Cipriani, D. J. (2009). The effects of intermittent stretching following a 4-week static stretching protocol: a randomized trial. Journal of strength and conditioning research / National Strength & Conditioning Association, 23 (8), 2217–2222.

Schober, H., Kraft, W., Wittekopf, G. & Schmidt, H. (1990). Beitrag zum Einfluß ver-schiedener Dehnungsformen auf das muskuläre Entspannungsverhalten des M. quadriceps femoris. Medizin und Sport, 30, 88–91

Schönthaler, S. R. & Ohlendorf, K. (2002). Biomechanische und neurophysiologische Veränderungen nach ein- und mehrfach seriellem passiv-statischem Beweglichkeits-training (Wissenschaftliche Berichte und Materialien / Bundesinstitut für Sportwis-senschaft, 1. Aufl.). Köln: Sport und Buch Strauß.

Wickstrom, R. L. (1963). Weigth training and flexibility. Journal of Health, Physical Edu-cation and Recreation, 34 (2), 61–62.

Wiemann, K. (1994). Beeinflussung muskulärer Parameter durch unterschiedliche Dehnverfah-ren. In M. Hoster & H. U. Nepper (Hrsg.), Dehnen und Mobilisieren (S. 40–71). Waldenburg: Sport Consult.

Wiemann, K. & Kamphöfner, M. (1995). Verhindert statisches Dehnen das Auftreten von Muskelkater nach exzentrischem Training? Deutsche Zeitschrift für Sportmedi-zin, 46, 411–421

World Health Organisation: Regional Office for Europe. (2018). *Body mass index - BMI*. Zugriff am 07.11.2020. Verfügbar unter: http://www.euro.who.int/en/health-topics/disease-prevention/nutrition/a-healthy-lifestyle/body-mass-index-bmi

7 Tabellenverzeichnis